HANK, le candidat au Sénat

En vrai chat de gouttière, Hank a grimpé les échelons en partant de rien. Contrairement à l'élite jamais sortie de Washington, cet outsider vit dans une zone périphérique, à Springfield, en Virginie, et il connaît bien les tracas quotidiens des gens et (surtout) des chats du peuple. Candidat au Sénat américain en 2012, il a basé toute sa campagne sur le miaulement franc et le bon sens. Votez Hank !

MANEKI-NEKO, le chanceux

Né au Japon au XIXe siècle, Maneki-neko est devenu au fil du temps un symbole universel de bonne fortune. Ce bobtail japonais blanc comme neige est connu pour avoir toujours la patte en l'air : pour certains, c'est un signe de chance, pour d'autres de bienvenue. D'autres encore y voient simplement un présage de l'arrivée imminente de sushis.

TAMA, la cheffe de gare

Surnommée « le chat qui valait 10 millions de dollars » par CNN, Tama a acquis une telle popularité grâce à son titre honorifique de cheffe de gare de Kishi, dans l'ouest du Japon, qu'elle a sauvé de la faillite la ligne de chemin de fer qui desservait la ville. Quand elle est morte, après huit ans de bons et loyaux services, des milliers de personnes ont assisté à ses funérailles en grande pompe et elle a été élevée au rang de divinité de la religion shinto.

SAM WARHOL, l'artiste

Andy Warhol avait une passion délirante pour les siamois, au point d'en avoir 25 dans son appartement new-yorkais. L'artiste excentrique les avait tous nommés « Sam », et il leur a rendu hommage dans le livre *25 Cats Name(d) Sam and One Blue Pussy*. Ils ont ainsi chacun eu leur quart d'heure de gloire. Pour cultiver son look bohème, Warhol encourageait ses Sams à se soulager dans ses chaussures.

BARSIK, le politicien

Suite au succès colossal de sa campagne pour les élections municipales de la ville de Barnaul, en Sibérie, Barsik décida de briguer la présidence de la Russie en 2018. Les positions antilibérales et pro-Poutine du Scottish fold laissent supposer qu'il pourrait avoir pris part à l'ingérence de la Russie dans les élections présidentielles américaines de 2016. Il n'est pas impossible qu'il se présente au poste de chat officiel de la Maison-Blanche.

LE CHAT GRINCHEUX

Quand on porte un nom de sauce, il y a de quoi avoir la moutarde qui monte au nez… et le laisser transparaître sur son visage. C'est sa propension à faire la tête qui a valu son surnom à ce félin, mais cela lui a aussi permis de devenir riche au-delà de ses rêves les plus fous (et de ceux de sa propriétaire). Il y a toutefois un prix à payer quand on est le mème le plus célèbre de l'histoire d'Internet… et toutes ces mises en scène et séances photo peuvent rendre un poil chafouin.

BLACKIE, l'héritier

Le millionnaire anglais Ben Rea vivait seul et, à sa mort, il a laissé 7 millions de livres en héritage à Blackie, le dernier survivant parmi ses quinze chats. Outre le fait qu'il n'a plus jamais manqué de croquettes, Blackie s'est vu attribuer le titre de chat le plus riche du monde par le *Guinness World Records* en 2011. Autant dire que les héritiers présumés de Ben Rea ont moyennement apprécié cette petite blague d'outre-tombe.

LARRY, le désinvolte

Souricier en chef actuel de la célèbre adresse du cabinet du Premier ministre britannique, Larry met un point d'honneur à refuser de se plier aux règles, comme tous les fonctionnaires qui l'ont précédé à ce poste. Son attitude ambivalente envers le Premier ministre en place, son laxisme dans l'exercice de ses fonctions et ses tweets acerbes envoyés directement depuis le 10 Downing Street lui ont valu des légions de followers : il en a presque autant qu'il y a de membres du parti conservateur au Royaume-Uni.

FÉLICETTE, l'astronaute

Après lui avoir implanté des électrodes dans le cerveau, le gouvernement français a envoyé cette chatte dans l'espace le 11 octobre 1963. Celle que l'on connaît sous le nom de Félicette a donc été la première féline à voyager en orbite autour de la Terre. Au bout de 15 minutes, elle est revenue sur le plancher des vaches à bord d'une capsule : elle était en pleine forme, quoique probablement un peu secouée et désorientée.

LE CHAT HAUTE-COUTURE

Nul ne sera surpris d'apprendre que cette chatte un brin caractériel aux goûts de luxe possède un ensemble complet de valises de designer, son propre iPad et pas un, mais deux domestiques à sa disposition. Avec des revenus dépassant les 2 millions de livres par an, cette *fashionistchatte* a un train de vie inaccessible au commun des mortels : elle voyage en jet privé, se nourrit de caviar de béluga et pose en couverture de *Vogue* (elle l'a fait deux fois).

SNOWBALL HEMINGWAY,
le fidèle compagnon

Il est venu de la mer… mais sans vieil homme : c'est un capitaine de navire qui l'a donné à Ernest Hemingway dans les années 1930. Il était entièrement blanc. Il était polydactyle (il avait six doigts à chaque patte). Hemingway l'a accueilli chez lui, dans sa maison de Key West. Ils ont développé une amitié sincère et virile. Snowball est resté. Aujourd'hui, près de cinquante chats avec la même particularité anatomique vivent dans la propriété.

BASTET, la divinité

Vénérée dans l'Égypte antique, Bastet était la déesse de la musique, de la danse, de la joie, de la maternité et de la famille. Un temps représentée sous les traits d'une femme à tête de lionne, elle a peu à peu troqué son image guerrière pour celle d'un chat domestique, plus en accord avec ses attributions liées au foyer. Grâce à elle, les chats d'aujourd'hui savent tous qu'ils ont des origines divines et ils nous le font bien sentir.

CATMANDO, l'unique

Codirigeant de l'Official Monster Raving Loony Party (parti fou-dingue monstrueux officiel) de 1999 à 2002, ce charmant chat roux a tellement impressionné les membres du parti que l'un d'eux a proposé un projet de loi interdisant de prénommer un autre chat « Catmando », prétextant qu'il n'y aurait jamais qu'un seul et unique chat comme lui. À ce jour, Catmando est le seul chat à avoir été nommé chef d'un parti politique britannique.

DC, le démoniaque

Mais qui a donc laissé ses empreintes sur le sol du Capitole à Washington ? D'après la légende, il s'agirait de DC (ou *Demon Cat*, « chat démoniaque »). Ce chat noir aux yeux jaunes et luisants aurait été aperçu dans la crypte du bâtiment avant l'attaque de Pearl Harbor et de l'assassinat des présidents Lincoln, Garfield et Kennedy. Qui a dit que les chats noirs portaient malheur ?

LE CHAT DU CHESHIRE,
le souriant

Propriétaire d'un sourire mielleux iconique (qui était souvent l'unique chose qu'on voyait de lui), le chat du Cheshire n'a pas été d'une grande aide pour Alice dans son voyage déroutant au Pays des merveilles... Cela dit, c'est à se demander comment il parvenait à sourire sachant qu'il avait pour propriétaire la terrible Dame de cœur, prompte à faire couper la tête à tous ceux qui attisaient sa fureur, qu'elle avait fort facile.

LE CHAT DE SCHRÖDINGER,
félin paradoxal

Imaginé par le physicien autrichien Erwan Schrödinger pour pointer les lacunes d'une théorie scientifique, ce chat n'est pas réel. Il n'existe que par l'expérience de pensée qui l'accompagne : dans l'hypothèse de Schrödinger, le félin, qui est enfermé dans une boîte, peut être à la fois mort et vivant, tant qu'on ne soulève pas le couvercle pour vérifier. Si une telle idée ne vous perturbe pas plus que cela, vous n'êtes sûrement pas à un paradoxe près.

TOMBILI, croquettes and chill

Ce félin ultra-nonchalant, dont le nom signifie « animal joufflu » était un chat errant très populaire qui vivait dans le quartier de Ziverbey à Istanbul, en Turquie. Il est devenu mondialement célèbre pour sa capacité fort enviable à se détendre en toute situation (sa pose indolente contre le trottoir en témoigne), À sa mort, pour lui rendre hommage, une statue de bronze à son effigie a été érigée à l'endroit où il passait le plus clair de son temps.

LE CHAT DE DICK WHITTINGTON, le croqueur de rats

D'après un conte populaire anglais, le jeune Dick Whittington serait parti chercher la fortune à Londres et c'est l'habileté de son chat à attraper les souris qui lui aurait permis de prendre du galon et de finalement devenir maire de la capitale anglaise. En revanche, on ne sait pas ce que le félin a retiré de l'affaire, si ce n'est la gloire à travers le personnage qui porte son nom dans un spectacle de Noël traditionnel britannique.

HAMISH McHAMISH, la mascotte

Ce matou à poils roux particulièrement longs avait pour habitude de gambader à travers les rues de St Andrews, en Écosse, comme s'il était le maître des lieux. Et à vrai dire, c'était tout comme, car Hamish bénéficiait d'une telle popularité parmi les habitants qu'ils se sont cotisés pour faire ériger une statue à son effigie de son vivant, alors même qu'il continuait d'arpenter tranquillement les rues de la ville tel un pacha.

SOCKS CLINTON, le populaire

Comme son président de maître, Socks a commencé humblement sa carrière dans l'Arkansas avant de s'installer à la Maison-Blanche. Ce chat, qui était sans doute le membre le plus populaire du clan Clinton, a reçu des sacs entiers de courrier, dont Hillary Clinton a dressé l'anthologie dans le livre *Dear Socks, Dear Buddy* (« Cher Socks, Cher Buddy », ouvrage non traduit en français) paru en 1998. Des timbres à son image ont aussi été imprimés en République centrafricaine.

TRIM, le marin

Cet explorateur intrépide a accompagné Matthew Flinders en mer entre 1801 et 1803 tandis que ce dernier dressait la carte des côtes de l'Australie. Ébloui par les talents de son camarade à quatre pattes, Flinders a écrit *A Biographical Tribute to the Memory of Trim* (« Hommage biographique à la mémoire de Trim », ouvrage non traduit en français), publié en 1973. Courageux, athlétique et doté d'un sacré pied marin, Trim était aussi « excessivement imbu de lui-même, en particulier de ses pattes immaculées ».

RIEN, le philosophe

Lorsqu'il déclarait ardemment que « l'enfer, c'est les autres », le philosophe français à lunettes Jean-Paul Sartre n'incluait clairement pas la compagnie féline : son chat bien-aimé nommé Rien lui apportait de toute évidence un réconfort bienvenu pour oublier l'alcool et les drogues hallucinogènes, ainsi que l'existentialisme, qui pouvait se révéler un poil pesant au quotidien.

LE CHAT BOTTÉ, le rusé

À ne pas confondre avec le chat de Dick Whittington (qui portait lui aussi des bottes), ce chat de conte de fées a montré qu'il avait plus d'un tour dans son sac pour offrir la richesse, le pouvoir et la main de la princesse locale à son ancien maître sans le sou (mais éternellement reconnaissant). Comme quoi, on peut porter un chapeau à plumes et une collerette discutables d'un point de vue esthétique et être joliment rusé.

MINETTE, la romantique

Militante de la première heure de l'amour interespèces, Minette a été immortalisée dans le poème absurde paru en 1871, *Minette et le Hibou*, dans lequel le Hibou lui chantait la sérénade sur une barque vert pomme. Après avoir passé un an à chercher un anneau, tous deux ont convolé en justes noces. Le mariage a été célébré par un dindon au pays des arbres tam-tams.

BÉHÉMOTH,
le compagnon du Diable

Dans le roman satirique culte de Mikhaïl Boulgakov *Le Maître et Marguerite* (publié en 1967), le Diable se rend à Moscou en compagnie d'un énorme chat noir nommé Béhémoth, doué de parole, marchant sur ses deux pattes arrière et portant un pistolet au ceinturon. Amateur de plaisanteries douteuses, de jeu d'échecs et de vodka, Béhémoth s'avère encore plus démoniaque que son maître satanique.

LE CAT SÌTH,
l'apparition démoniaque

Aussi grand qu'un chien et noir comme l'ébène, si l'on excepte une tache blanche sur la poitrine, ce minou n'est pas de ceux que l'on a envie de croiser par une claire nuit de pleine lune dans les Highlands d'Écosse. Il faut dire que dans ce cas, ce spectre celtique à l'âme sombre aurait tôt fait de vous voler la vôtre après vous avoir fait littéralement mourir de peur.

KIKI-LA-DOUCETTE, la littéraire

L'autrice française Colette a toujours été une grande amoureuse des chats et ceux-ci apparaissent souvent dans son œuvre. Son roman *Dialogues de bêtes* (1905) met d'ailleurs en avant son chartreux Kiki-la-Doucette, conversant avec un chien.
Un observateur taquin pourrait penser que Colette, esprit libre s'il en est, a mené sa vie de façon féline.

LE CHAT D'AI WEIWEI, le rebelle

La passion pour les multiples dans l'art n'est pas la seule chose que le sulfureux artiste Ai Weiwei partage avec Andy Warhol : ils ont aussi en commun un amour immodéré pour la possession de nombreux chats. Contrairement à leur maître, qui a longtemps été assigné à résidence à Pékin, ses chats sont libres d'aller et venir à leur guise dans l'appartement d'Ai Weiwei.

FREYJA, la déesse

La déesse nordique Freyja avait un petit côté multitâche et ne voyait donc aucun problème à être à la fois la divinité de la fertilité, de l'amour, de l'intimité ou de la guerre, pour ne citer que quelques-unes de ses attributions. D'aucuns disent qu'elle prenait parfois la forme d'une chatte grise. D'après la légende, son char était tiré par deux chats bleus géants qu'elle adorait et qu'elle tenait pour sacrés.

TOBERMORY, le bavard

Dans le récit satyrique imaginé par Saki en 1911 pour dénoncer l'hypocrisie de la société édouardienne, un personnage du nom de Cornelius Appin apprend à parler au chat de ses hôtes. Au grand dam des convives, Tobermory se montre d'une honnêteté cinglante et menace de divulguer les secrets scandaleux de tous les invités présents. Si les chats pouvaient réellement parler, diraient-ils leurs quatre vérités aux puissants ?

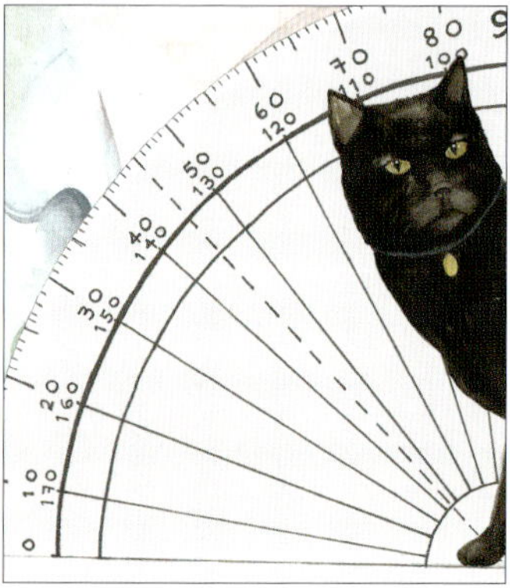

KOFI, le stratège

Dans un monde rempli de mantras timorés et de mèmes absurdes, les « stratégies obliques » piquantes et bien senties de Brian Eno proposent une autre manière d'appréhender la vie, au cas où vous manqueriez d'inspiration créative par vous-même. Ce jeu de cartes présente nombre de petites actions et problématiques à résoudre pour stimuler un imaginaire en berne. Kofi, le chat d'Eno, les a reprises sur Twitter pendant un temps.

GRIMALKIN, le visionnaire

Compagnon de l'astrologue français Nostradamus (1503–1566), Grimalkin était aux premières loges pour entendre les plus célèbres prophéties des temps modernes (même si la plupart se sont révélées fausses). Les chats semblent toujours en savoir davantage qu'ils veulent bien l'admettre : Grimalkin était-il le véritable auteur des prophéties ? Nul ne le saura jamais.

DUSTY, le cleptomane

À l'âge de deux ans, ce chat domestique de race Snowshoe résidant à San Mateo, aux États-Unis, a commencé à rapporter chez lui des vêtements, des jouets et divers objets (plus de 600, d'après ses humains) appartenant à des voisins. Les larcins de Dusty ont fait la une des journaux locaux et, suite à cela, il a même été invité à l'émission *Late Show with David Letterman*. Bien mal acquis… profite parfois à certains.

CC, le double

Tout le monde aimerait voir son animal chéri vivre pour toujours, et c'est d'ailleurs ce qui a mené à un engouement fou (et discutable) pour la taxidermie à l'époque victorienne. En 2002, une méthode plus sophistiquée a été adoptée pour donner naissance à… CC (*Carbon Copy*, « Copie Carbone » en français) : il s'agit du tout premier chat cloné au monde. Mais cette petite boule de poils blanche et tigrée a été créée pour des raisons scientifiques plutôt que sentimentales.

MINOU CORLEONE, le parrain

Chef incontesté de la Cosa Matoustra, Minou Corleone apparaît dans la scène inaugurale du film *Le Parrain*, de Francis Ford Coppola. Son rôle n'était pas prévu dans le scénario, mais le chat est entré sur le plateau et a vraisemblablement fait au réalisateur une offre qu'il ne pouvait pas refuser. Malheureusement, les miaulements bruyants de l'animal ont couvert la célèbre voix rauque de Marlon Brando et il a fallu doubler ses paroles en post-production.

BEERBOHM, le comédien

Descendant d'une longue lignée de chats de théâtre, le souricier en chef de l'ancien théâtre du Globe, à Londres, Beerbohm – qui portait le nom d'un célèbre acteur et directeur de salle de spectacle – était connu pour faire des apparitions impromptues sur scène. Lors d'une représentation, il n'a d'ailleurs pas hésité à voler la vedette aux acteurs en prenant ses aises dans le sable répandu sur les planches pour les besoins de la pièce.

HENCHCAT, l'acolyte du grand méchant

Blofeld, Docteur Denfer… sur les genoux de tout génie du mal confortablement installé sur un fauteuil de bureau pivotant se cache un chat tout aussi sournois. C'est cette figure féline de la pop culture qui est appelée Henchcat. Vous êtes-vous déjà demandé ce que dissimulait le regard fixe et insondable de votre propre matou ? Réclame-t-il du thon ou est-il en train de fomenter un plan diabolique pour prendre le pouvoir sur le monde ?

HAMLET, le réceptionniste

Cette canaille rousse et tigrée menait une existence d'errance dans les rues avant de décrocher le job de sa vie. Depuis 2017, Hamlet trône au comptoir de l'iconique hôtel Algonquin, à New York, depuis le départ à la retraite de sa prédécesseuse, Matilda (à qui l'on reprochait de jouer un peu trop les divas, soit dit en passant). Son rôle consiste à accueillir les clients, à poser pour des photos et à recevoir des caresses.

PETER, le sportif

Celui qu'on surnommait « le Mog de Marylebone » était un fan de cricket que l'on apercevait souvent arpenter le terrain du vénérable Lord's Cricket Ground, à Londres. Quand Peter a fini par faire sa dernière ronde, il a reçu l'insigne honneur d'avoir sa nécrologie dans le *Wisden Cricketers' Almanac*. Le félin au charme ravageur était connu pour avoir un tableau de chasse édifiant parmi les minettes.

SIMON, l'héroïque

Après s'être introduit clandestinement à bord du *HMS Amethyst*, Simon est rapidement devenu le croqueur de rats attitré du navire et la coqueluche de l'équipage. Loin d'être un couard, ce chat particulièrement résilient a survécu à un tir d'obus sur le fleuve Yang Tsé. À ce jour, il reste le seul félin à avoir reçu la prestigieuse médaille Dickin du PDSA, une organisation caritative britannique venant en aide aux animaux blessés ou malades.

MONSIEUR BERNARDO, l'acrobate

Ce matou follement photogénique a un emploi du temps de ministre. Il tient ses innombrables followers en haleine sur Instagram grâce à ses exploits audacieux, qu'il escalade un toit, affronte des renards, attaque des feuilles, explore le lave-vaisselle ou fasse du parkour dans le jardin. Quand Bernardo est dans la place, on n'a pas le temps de s'ennuyer.

LE COGNEUR, la force brute

Ce boxeur robuste ne recule jamais devant une confrontation, quels que soient les risques. Ses blessures de guerre sont là pour témoigner de son existence dédiée à la bagarre. Sa stratégie, c'est l'usage de la force brute. Il a eu bien des victoires, et quelques défaites aussi. Mais il s'en sort toujours avec le sourire (un peu amoché, parfois). « Si vous voyiez l'autre chat ! »

LE CHAT DE CONCOURS

Que le spectacle commence ! Encore... Pour ce chat persan racé, la vie n'est qu'une succession de déplacements, de toilettage minutieux et de passages sous le feu des projecteurs. Des heures à attendre dans un carrosse de princesse scintillant pendant que des Sphynx et des Maine coons se pavanent. Pourquoi s'imposer un tel calvaire ? Parce que le podium est toujours à portée de patte.

L'IMPORTUN

Il est communément admis que les portes ont un rôle fondamental dans la vie des humains, mais les chats n'y voient qu'une contrariété inutile. Voilà pourquoi ils prennent un félin plaisir à rappeler leur point de vue à leurs maîtres de la façon la plus passive-agressive qui soit : ils s'asseyent à l'extérieur en miaulant pour qu'on les laisse entrer ; ils entrent, puis miaulent pour qu'on les laisse sortir... et ainsi de suite.

LE CHAT NU

Pas facile d'être différent… peut-être l'éleveur canadien à l'origine de la première portée de Sphynx, en 1966, aurait-il pu y penser avant d'accoupler le chat Prune, né sans poils, avec la propre mère dudit félin. Depuis, des amateurs de chats atypiques ont développé la race, offrant ainsi un débouché tout trouvé aux fabricants de petits vêtements pour chats.

L'OBSÉDÉ DU CARTON

Comme la plupart des propriétaires de chats l'apprennent tôt ou tard, les félins ont toujours le goût très sûr. Lorsqu'on les incite à grimper sur la monstruosité multi-plateformes recouverte de fausse fourrure beige ou marron que l'on nomme communément « arbre à chat », ils se dirigent sans hésiter vers une boîte en carton minimaliste aux formes épurées. On ne saurait les en blâmer.

LE CHASSEUR

Ce minou besogneux est un agent anti-nuisibles sur pattes, qui se fait fort de débarrasser le voisinage des souris, rats, crapauds, grenouilles et autres oisillons (oui, même des oisillons...) qui pourraient y trouver refuge. On comprend sa tristesse lorsque son maître ingrat le récompense de ses efforts en hurlant à pleine voix avant de jeter le fruit de sa chasse dans les toilettes.

ERNESTO, le défenseur des droits

Ernesto (autrefois connu sous le nom de « Chachou ») vivait dans l'ignorance béate et passait sa vie à se prélasser au soleil en pourchassant des jouets à plumes. Et puis il a eu un déclic. Désormais, il parcourt le quartier et milite pour faire adopter la Déclaration universelle des droits des animaux domestiques. Ces co-mammifères (autrefois appelés « maîtres ») le soutiennent entièrement dans sa lutte. En plus, ils trouvent son béret très chou.

BÉBÉCHAT, le globe-trotter

Ce Scottish fold tigré et blanc est un vrai chat du monde. Né en France, il a vécu en Suisse avant de poser ses valises, du moins provisoirement, au Royaume-Uni. Bébéchat ne se déplace jamais sans son passeport et miaule couramment le français et l'anglais. Entre deux siestes, il a proposé ses services et son expertise unique dans les négociations pour le Brexit.

LE CHAT EN GARDE ALTERNÉE

Quoiqu'entièrement satisfait de l'organisation actuelle, ce chat rusé ne voit pas vraiment pas pourquoi il devrait choisir entre un foyer ou un autre. Et si certains propriétaires se rendent compte des activités extraconjugales de leur cher animal philanthrope, d'autres se voilent la face sur le caractère libertin de leur félin adepte du polyamour.

Les illustrations des chats ont été créées par Mister Peebles (alias Helen McGinley), une illustratrice vivant à Londres specialisée dans le dessin animalier.

Les conseils ont été retranscrits par Liz Faber et Caroline Roberts après des heures d'entretien avec les chats.

Enfant, Liz disait qu'elle voulait devenir chatte quand elle serait grande. Malheureusement, cela n'a pas marché, mais elle adore toujours être entourée de chats et elle espère qu'ils l'acceptent telle qu'elle est.

Caroline vit avec son chat Milo, trouvé dans un refuge. Tous deux observent un régime hypocalorique en ce moment, car ni l'un ni l'autre ne peut passer à travers la trappe à chat.

Ouvrage publié pour la première fois en 2018 sous le titre *Cat Gurus* par Laurence King Publishing Ltd,
361–373 City Road, London EC1V 1LR, United Kingdom
www.laurenceking.com

Pour l'édition française

58, rue Jean Bleuzen - 92 178 VANVES CEDEX

Direction Hachette Pratique : Catherine Saunier-Talec
Responsable d'édition : Lisa Grall
Responsable de projet : Marie Naudet
Traduction : Anne-Laure Estèves
Fabrication : Cécile Alexandre-Tabouy

Dépôt légal : septembre 2020
37-7594-0/01
ISBN : 978-2-01-628370-7
Achevé d'imprimer en Chine.

hachette
PRATIQUE